Martin Staffler

GÄRTEN VON OBEN

DEUTSCHLANDS SCHÖNSTE PARKS UND GÄRTEN AUS DER VOGELPERSPEKTIVE

Der Rote Schlitz-Ahorn liegt direkt auf der Pflasterfläche – so wirkt es jedenfalls, wenn die schwebende Drohne auf ihn blickt (Insel Mainau, Seite 57) .

Titelbild: Geometrische Formen wirken von oben besonders eindrucksvoll. Die edle Anmutung des Weißen Gartens der Norddeutschen Gartenschau (Seite 39) wird durch die reinweiß blühende Clematis sowie Stauden, Kübelpflanzen, Zwiebel- und Sommerblumen verstärkt.

INHALT

Der frische Blattaustrieb der Bäume und Sträucher sowie die weiß blühende Kirsche beleben die abwechslungsreiche Szenerie dieses Hausgartens. Mittig leuchtet rot das Blattwerk eines Fächer-Ahorns, daneben ist ein Teich erkennbar. Das Gartenidyll ist nicht privat, sondern auf der Insel Mainau zu finden, gewissermaßen als Mustergartenanlage, in der Sie Inspirationen für Ihren eigenen Garten finden können.

EINFÜHRUNG

Zahllose Gärten und Parks in Deutschland lohnen einen Besuch. Egal ob als Hobby- oder als Profifotograf hat man hier unzählige Möglichkeiten, faszinierende Fotos zu machen. Obwohl jeder Garten einzigartig gestaltet ist und jeder Fotograf mit anderen Techniken und stilistischen Mitteln arbeitet, haben jedoch alle Fotos eines gemeinsam: Sie entstehen vom Boden aus, in der Regel aus der bekannten Normalperspektive auf Augenhöhe, manchmal vielleicht auch von etwas weiter oben oder etwas weiter unten.

NEUE BLICKWINKEL

Durch die rasante Entwicklung im Bereich der Drohnentechnik eröffnet sich eine neue Perspektive auf unsere Gärten – aus der Luft. Mit Blick von oben lassen sich andere Eindrücke und Stimmungen einfangen, zum Teil auch überraschende Highlights erleben.

Die Auswahl der hier vorgestellten Gärten und Parks orientiert sich an den fotografischen Gestaltungsmöglichkeiten, unter Berücksichtigung rechtlicher Einschränkungen. Ich möchte Ihnen einen Querschnitt bieten, der einen großen Teil der deutschen Gartenkultur abdeckt, private Gartenparadiese sowie bekannte öffentliche Gärten umfasst. Sie werden Gärten in einer Gesamtansicht von oben überblicken und in ansonsten unzugängliche Gartenbereiche eintauchen. Erkunden Sie die besondere Ästhetik von Staudengärtnereien und Baumschulen aus der Vogelperspektive!

HIMMLISCH GESEHEN

Der Moment vor dem Start der Drohne ist stets aufregend. Sobald das Fluggerät in der Luft ist, weicht die leichte Anspannung der Vorfreude auf den Perspektivwechsel. Obwohl ich ein ziemlich genaues Bild davon habe, was mich gleich auf dem Display der Fernbedienung erwartet, kommt es immer wieder zu kleinen Überraschungen. Manche Strukturen oder Farbkompositionen sehen von oben betrachtet viel reizvoller aus als gedacht. Dafür wirken andere Ansichten, von denen ich mir viel versprochen habe, aus zehn Metern Höhe plötzlich banal.

Stellen Sie sich beispielsweise die Form von ausdrucksstarken Blütenständen aus verschiedenen Perspektiven vor. Tellerförmige

Blütenstände wie die der Schafgarbe (*Achillea*) erscheinen als große, runde Farbkleckse und treten deutlich hervor, wenn man wie ein Vogel auf sie herabblickt. Genau andersherum verhält es sich mit einer kerzenförmig aufrecht blühenden Steppenkerze (*Eremurus*). Vom erdnahen Blickpunkt aus ist sie meist bildbestimmend, sieht man aber direkt von oben darauf, bleibt von der Pflanze nur ein kleiner farbiger Kreis im Bild übrig.

Insgesamt steigen durch den Perspektivwechsel Grün- und Braunanteile im Bild und Wege- und Beetstrukturen erlangen eine weitaus höhere Bedeutung. In manchen Fällen kommt die Bildwirkung allein durch die dominierende Farbe einer einzelnen Pflanze, wie zum Beispiel eines Strauchs in Herbstfärbung, zustande.

Fremdkörper wie Schachtdeckel oder Gartenschläuche, die in ein Beet oder in Wege integriert sind, springen bei der Betrachtung von oben immer besonders ins Auge. Vom Boden aus gesehen fallen sie normalerweise optisch weniger ins Gewicht oder verschwinden sogar gänzlich hinter Pflanzen oder Gartenbauwerken.

Lücken in der Bepflanzung werden aus der Luft gesehen ebenfalls sofort sichtbar: Während sie aus der Normalperspektive in der Staffelung mehrerer Pflanzen hintereinander überhaupt nicht zum Tragen kommen, ruinieren sie so manches mit der Drohne aufgenommene Bild. Bei ein paar ansonsten perfekten Luftaufnahmen habe ich daher von meiner künstlerischen Freiheit Gebrauch gemacht und mithilfe der Nachbearbeitung am Computer im kleinen Rahmen „digital nachgepflanzt", „digital Rasen nachgesät" oder Schachtdeckel und andere optisch unliebsame Gegenstände wegretutschiert. Allerdings geschahen diese Eingriffe nur soweit die Gestaltung und Bepflanzung des betreffenden Gartens oder Beetes dadurch inhaltlich nicht verfälscht wurden.

ABSTRAKT UND SCHRÄG

Je nach Blickwinkel der fliegenden Kamera ergeben sich ganz unterschiedliche Wirkungen. Schräg von oben fotografiert ähnelt das

Diese ungewohnte Ansicht von gemischten Stauden-Gräserbeeten im Hermannshof in Weinheim wirkt abstrakt und lässt Raum für Fantasie. Die Grashorste des Schafgarben-Salbei-Beetes könnte man fast für eine Seeigelkolonie in einem tropischen Korallenriff halten ...

Bild einer Aufnahme, die von einem hohen Gebäude oder einem Hügel aus gemacht wurde. In dieser Perspektive erkennt man die Beete und die Gartensituationen leicht wieder, bekommt aber einen neuen Überblick präsentiert. Nutzt man hingegen die einmalige Gelegenheit, die Kamera mithilfe der Drohne aus fünf, zehn oder fünfzig Metern senkrecht von oben auf den Garten zu richten, so verliert sich die dritte Dimension. Zweidimensional betrachtet liegen der fünf Meter hohe Baum und die 30 cm hohe Tulpe jetzt optisch auf einer Ebene. Das befremdet und begeistert zugleich. Eine abstrakte Ansicht entsteht, eine Art lebendig gewordener Gartenplan. Gerade bei den sehr bekannten Gärten wie etwa dem Rosenneuheitengarten auf dem Beutig in Baden-Baden (Seite 21) oder der Insel Mainau im Bodensee (Seite 57) ist es reizvoll, die gewohnten Bilder der prächtigen Anlagen um neue Eindrücke aus der Vogelperspektive zu ergänzen. Die neuen technischen Möglichkeiten bringen die Gartenfotografie in zeitgemäßer Form ein großes Stück voran.

Für das vorliegende Buch habe ich vorwiegend die abstrahierende Draufsicht gewählt und in verschiedenen Beispielen den anderen Perspektiven gegenübergestellt. Daneben können Sie aus-gewählte Beete und Gartenbereiche im Wechsel der Jahreszeiten miteinander vergleichen oder mithilfe der Drohne in großer Höhe startend in mehreren Bildschritten an die Details heranzoomen. Lassen Sie sich überraschen!

DAS FLIEGEN EINER DROHNE

Die Fotografie mit Fotodrohnen, meist Quadrokoptern, hat in den letzten Jahren an Popularität gewonnen. Wie jede neue Technik entwickelt sie sich rasend schnell weiter und findet zahllose Interessenten und Nutzer.

Ich habe eine Fotodrohne mit integrierter Kamera gewählt, die das Bild direkt auf ein Display in der Fernbedienung überträgt. Dadurch lassen sich der Bildausschnitt und die Ausrichtung der Kamera ideal bestimmen. Die Bildqualität einer solchen Kamera mit relativ kleiner Linse kann natürlich nicht an die einer Vollformatkamera heranreichen. Dank des verwendeten Gimbals lassen sich jedoch Verwacklungen, die beim Flug unweigerlich entstehen, reduzieren und die Bilder sind dadurch in 99 Prozent der Fälle gestochen scharf. Bei niedriger Flughöhe kann man sehr viele

Die Blattschmuckstauden im Lehr- und Versuchsgarten Braike bedecken den Boden so dicht, dass Unkraut kaum eine Chance hat. Aus der Perspektive direkt von oben wirkt es fast so, als sei der Trompetenbaum rechts auf der gleichen Ebene wie diese Stauden – in Wahrheit thront die Baumkrone natürlich deutlich über den Beeten und man läuft auf dem Weg unter den ausgebreiteten Ästen hindurch.

Details in den Beeten erkennen, teilweise sogar feine Pflanzenstrukturen und Einzelblüten. Das sonst so geliebte Spiel mit geringer Tiefenschärfe und dem Fokus auf einzelne Aspekte ist für mich hingegen bei dieser Art der Fotografie nicht ausschlaggebend.

Die Technik des Drohnenflugs zu erlernen ist erste Voraussetzung für gute Fotos. Dies gelingt recht schnell, da die Drohnen über zahlreiche Hilfsmittel verfügen, die sicheres Starten, Landen und Navigieren erleichtern und dafür sorgen, dass im Ernstfall – etwa rechtzeitig bevor der Akku leer ist – die Drohne automatisch den Startplatz ansteuert. Zunehmendes Gefühl der Sicherheit beim Fliegen sollte jedoch nicht zu Nachlässigkeit führen. Machen Sie sich die Freude und betrachten Sie Filme im Internet, die mannigfaltige Möglichkeiten zeigen, eine Drohne im See zu versenken, im Geäst von Bäumen zum Absturz zu bringen oder mit einer Stromleitung kollidieren zu lassen. Im Blick behalten sollte man immer mögliche gefiederte Kontrahenten, die schnell gereizt auf das unbekannte Flugobjekt reagieren. Vogel und Drohne sind hier gleichermaßen in Gefahr.

Zwar ist die Drohnenfotografie an sich heutzutage (fast) ein Kinderspiel, sie unterliegt aber jeder Menge Vorschriften und Einschränkungen. Mit einem Fluggerät betritt man in der Regel ein neues rechtliches Feld, den Luftraum, den man sich mit anderen Nutzern teilt. Um Fremdschäden aller Art regulieren zu können, ist eine spezielle Drohnen-Haftpflichtversicherung Pflicht. Je nach Einsatz und Gewicht der Drohne benötigt man einen sogenannten Drohnen-Führerschein, entweder ist dies ein Kompetenznachweis oder ein Fernpilotenzeugnis. Die Vorschriften hierzu ändern sich immer mal wieder. Gerade 2021 traten europaweit neue Gesetze verbindlich in Kraft, die genau regeln, welche Drohnen unter welchen Bedingungen geflogen werden dürfen. Viele Drohnenpiloten meinen, mit kleinen, leichten Drohnen käme man um jedwede Genehmigung und Einschränkung herum – was ein Irrtum ist. Und so sieht man leider immer wieder kleine Drohnen über Naturschutzgebieten oder Menschenmengen kreisen …
Als wichtigste Einschränkungen beim Fliegen sind Witterungsbedingungen und Flugverbotszonen zu nennen. Letztere lassen sich mit Apps, wie etwa von der Deutschen Flugsicherung oder der jeweiligen Haftpflichtversicherung, leicht ermitteln. Je nach App kann zusätzlich die Witterung ausgewertet werden, jedoch genügt hier oft auch schon ein geschulter Blick nach draußen.

Die spektakulär purpurvioletten, paeonienblütigen Tulpen (*Tulipa* gefüllte späte 'Blue Spectacle') ragen zusammen mit den violettrosa Triumph-Tulpen 'Alibi' und den weißen Engelstränen-Narzissen (*Narcissus triandrus* 'Thalia') in der Perspektive aus kniender Position herrlich aus dem blauen Meer von Vergissmeinnicht (*Myosotis sylvatica* 'Wallufer Schnitt') empor. Aus der Luft betrachtet bilden sie hingegen optisch eine einzige Ebene. Daraus resultiert im Wechselflorbeet am Gärtnerhaus des Hermannshofs ein Bild, das dem Streublumen-Stil der französischen Millefleurs-Wandteppiche entlehnt sein könnte.

Bereits leichte Winde bringen die Drohnen aus der Balance, Regen, Dunkelheit und Kälte sind weitere Einschränkungen. Privatgärten und Parkanlagen dürfen – egal ob mit oder ohne Drohne – selbstverständlich nur mit einer Genehmigung fotografiert werden, und auch Fotos von Menschenansammlungen sind tabu. Darüber hinaus sollten der gesunde Menschenverstand und allgemeine Rücksichtnahme immer in die Abwägung Flug oder Nichtflug einbezogen werden. Tatsächlich reagieren manche Personen beim Anblick einer Drohne schnell ungehalten. Ein klärendes, freundliches Wort hinsichtlich der Rechts- und Genehmigungslage reicht aber meist, um sie zu beschwichtigen. Und manchmal obsiegt dann bei erst ablehnender Haltung doch die Neugier.

WO MAN FLIEGEN DARF (UND WO NICHT)

Sie glauben gar nicht, wie viele Flugplätze und Krankenhäuser mit Hubschrauberlandeplatz es in Deutschland gibt! Hier ist ein Radius oder seitlicher Abstand als Flugverbotszone vorgesehen und vermehrt auch in der Software der Drohnen bereits gesperrt.

Hinzu kommen Bahnlinien, Autobahnen, Bundes- und Wasserstraßen, Stromleitungen und Industrieanlagen sowie Naturschutzgebiete und Nationalparks. Solche Sperrzonen lassen manch einen vermeintlichen Luftaufnahmen-Traum schon in der frühen Planungsphase zerplatzen. In einigen Fällen kann man eine behördliche Genehmigung in Form einer Aufstiegserlaubnis auf Basis der Luftverkehrs-Ordnung durch die Landesluftfahrtbehörden der Bundesländer erlangen. Anderes bleibt unmöglich. Auch in Bezug auf den Garten oder Park selbst, den man zum Fotografieren ausgewählt hat, kann es Hürden geben. Zwar sind viele Gartenbesitzer begeistert von der Idee der Luftaufnahmen, für manche öffentliche Parkanlagen müssen jedoch Genehmigungen eingeholt und Gebühren gezahlt werden, etwa beim Liegenschaftsamt.

Umso erfreulicher sind die Momente, in denen alles passt und auch das Wetter mitspielt.

DER HORTVS
IN HILDEN

In der Gesamtansicht des Gartens können Sie die einzelnen Bereiche unterscheiden, die um das zentral gelegene Wohnhaus mit Pool angeordnet sind. Fliegen Sie mit über den Kiesgarten, den Silbergarten, den Entdeckergarten, die Gärtnerei, den Waldgarten mit Teichen und den Wiesenkreis mit dem daran angrenzenden, neu entstehenden Heide-Garrigue-Garten!

Die gerade verlaufende Auffahrt, flankiert von Zypressen, führt zwischen Kiesgarten, Heide-Garrigue-Garten und Wiesenkreis hindurch. Letzterer wird im Herbst von den Hartriegeln und dem mittig platzierten Silber-Ahorn im Wintergarten dominiert. Die Kreisform findet sich im HORTVS an mehreren Stellen als Gestaltungselement wieder.

GARTENREICH UND GÄRTNEREI

Im nordrhein-westfälischen Hilden liegt der HORTVS, das Gartenreich von Peter Janke. Es hat sich binnen weniger Jahre zu einem Mekka der Gartenbegeisterten entwickelt. Den HORTVS – Hortus ausgesprochen – umgeben stets Professionalität sowie hoher Experimentiergeist in der Pflanzenverwendung und Gartengestaltung. Dass der Besucherandrang so groß ist, liegt jedoch auch an der einnehmenden Art, mit der Peter Janke als Referent durch die Lande zieht. Das erste Buch zu seinem privaten Garten, mit wundervollen Aufnahmen von Jürgen Becker und inspirierenden Texten, hat sicher ebenfalls zum Ruhm der Anlage beigetragen.

Peter Jankes Werdegang begann mit der Arbeit in der elterlichen Gärtnerei, die er später übernahm. Prägend waren seine Zeit in der Gärtnerei von Beth Chatto, der berühmten englischen Gartengestalterin, sowie botanische Reisen in alle Welt.

Den Garten in Hilden begann er 2006 zu formen. Auf einer Fläche von 1,4 ha folgt die Gartengestaltung den natürlichen Standortgegebenheiten. Die Lage von Waldgarten und Kiesgarten etwa wurde durch einen angrenzenden Auwald respektive die Sandablagerung eines ehemaligen Rheinarms vorgegeben.

GANZ SCHÖN ABGEHOBEN

Peter Jankes HORTVS ist in mehrere Gartenbereiche aufgeteilt, wie die Übersichtsaufnahme (Seite 10) hervorragend zeigt. Der wohl bekannteste Teil ist der Kiesgarten. Gerade in Zeiten der Diskussion um geschotterte, leblose Vorgärten mit all ihren Nachteilen – optisch, klimatisch und ökologisch – lohnt der Blick auf dieses überaus belebte, kleinteilige Mosaik aus Pflanzen und Kies. Das Gefühl und das Geräusch, die entstehen, wenn man hindurchläuft, lassen sich aus der Luft nur erahnen. Dafür erhält man in der Draufsicht einen besseren Eindruck vom harmonischen Zusammenspiel der Wegeführung aus Rheinkies mit der üppigen Vegetation.

Im kreisrunden Silbergarten dominieren die grausilbrigen Töne im Kontrast zum Rostrot der korrodierten Corten-Stahl-Elemente. Letztere sind von oben nicht wahrzunehmen. Ein kleiner gepflasterter Weg führt im wahrsten Sinne des Wortes ex-zentrisch durch den mittig angelegten Pflanzenkreis.

Der Entdeckergarten ist ein exotischer Pflanzenstandort. Dieser abgeschlossene Gartenraum mit Wegekreuz und zentralem Blick-

fang orientiert sich in seiner Flächenaufteilung an einem kleinen Renaissancegarten. Dazu überrascht er mit etlichen ungewöhnlichen Pflanzenarten.

Von hier gelangt man in einen verwunschenen Waldgarten. Ein langer, schnurgerader Pfad führt durch üppigen Gehölzbestand und an Teichen vorbei. Aus der Luft blitzt der Pfad nur hier und da kurz auf, Baumkronen und Sträucher überdecken die Vielfalt der Stauden, Gräser und Farne, die dort zu entdecken sind.

Hat man den Waldgarten durchquert, tritt man auf eine Lichtung mit Birken. Dieser offene Bereich strahlt etwas Friedliches aus. Auch von oben gesehen wirkt er als optisch beruhigende grüne Fläche zwischen dem größeren Teich auf der einen Seite und dem Wohngebäude mit Pool sowie der Staudengärtnerei auf der anderen Seite. Auf den Pool ist uns nur aus der Luft ein kurzer Blick erlaubt, denn er gehört zum privaten Gartenbereich, der nicht für Besucher zu-

gänglich ist. Der Eintritt in die Gärtnerei ist hingegen erwünscht. Mit dem Gewächshaus sowie den Anzucht- und Verkaufsflächen wirkt sie nicht nur von oben klar strukturiert und einladend aufgeräumt (Seite 96).

Es folgt mit Wiesenkreis und Wintergarden ein weiterer geometrischer Gartenteil – klare Formen wie diese belohnen den Blick aus der Luft ganz besonders. Es ist spannend zu sehen, wie sich das Bild beim Perspektivwechsel wandelt. Während man vom bodennahen Standpunkt zwar den Kreis fühlt, ihn quasi im Kopf optisch als solchen ergänzt, entwickelt er sich mit zunehmender Höhe, von der aus man auf ihn blickt, vom Oval zum vollen Kreis.

Eine Sandfläche grenzt an den Wiesenkreis an – ein neues Projekt von Peter Janke. Auf dieser Fläche entsteht ein modern interpretierter Heide-Garrigue-Garten.

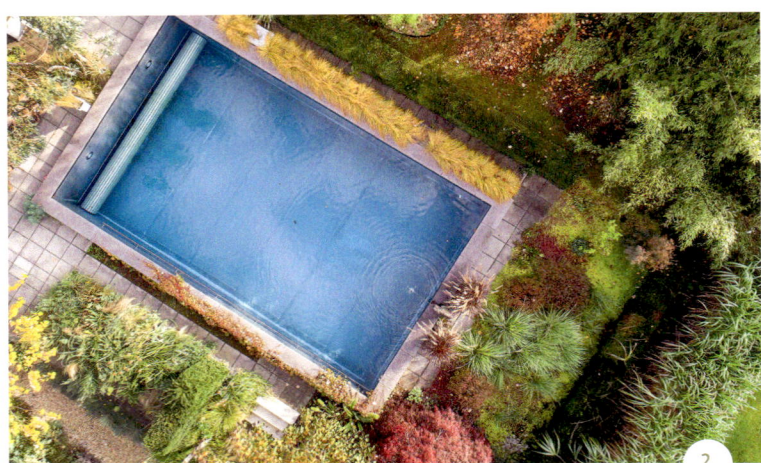

4

1 Wie ein grünes Katzenauge wirkt der große Teich mit dem Wasserlinsenteppich, der von einem freibleibenden Wasserstreifen durchzogen ist. Das Grundwasser sorgt meist für ausreichende Befüllung des Teichs.
Der Feuchtgarten schmiegt sich an den Waldgarten, durch den man auf schmalen Pfaden wandert. Die gelbe Blattfärbung des Kuchenbaums läutet leuchtstark den Herbst ein.

2 Vor allem Gräser wie das Tautropfengras (*Sporobolus heterolepis*) und das Rote Lampenputzergras (*Pennisetum setaceum* 'Rubrum') geben dem rechteckigen Pool ein leichtfüßiges Gegengewicht. Bambus und hohe Sträucher schirmen diesen privaten Bereich blickdicht vom Publikumsverkehr ab – meine Kamera durfte ausnahmsweise zum Fotografieren darüberfliegen …

3 Wie der Blick in einen Kochtopf hinein mutet die Perspektive direkt von oben in den Silbergarten an. In dem Kreis aus zwölf Silber-Weiden (*Salix alba* 'Liempde') wachsen die Zutaten dieses besonderen Gerichts: silber- und graulaubige Pflanzen wie Edelraute (*Artemisia*), Heiligenkraut (*Santolina*) und Königskerze (*Verbascum*) sowie Ziergräser.

4 Der formal angelegte Entdeckergarten hat eine wechselhafte Geschichte hinter sich. Der Grundriss mit dem klinkergepflasterten Kreuzweg bildete von Anfang an die gestalterische Basis. Nach Buchseinfassung und verschiedenen Bepflanzungen ist der Garten mittlerweile von einer schmalen, hohen Wand aus Corten-Stahl umgeben und lockt mit tropisch-exotischer Pflanzenwelt.

Der Kiesgarten ist ein Meisterwerk aus Kiesflächen und -wegen mit einer ästhetisch ansprechenden und standortgerechten Bepflanzung. Die starke inhaltliche Auseinandersetzung mit Beth Chattos Pflanzplanungen wird hier so deutlich wie an keinem anderen Ort des Gartens. Im Herbst wetteifern Gehölze, Stauden und Gräser farblich und strukturell um die Gunst des Betrachters.

Der Wintergarden mit Hartriegeln und Silber-Ahorn sowie der umgebende Wiesenkreis vermischen sich zu einem einzigartigen Gartenteil. Die Kreisform wirkt aus unterschiedlicher Höhe betrachtet stärker oder schwächer. Aus der Normalperspektive lädt eine Baumbank zum Sitzen ein. Das weiße Blütenmeer aus der Narzissensorte 'Thalia' füllt im Frühling allmählich die Wiesenfläche.

ROSEN-NEUHEITEN-GARTEN AUF DEM BEUTIG

Die Anlage des Rosenneuheitengartens auf dem Beutig liegt in Baden-Baden am Hang in wunderschöner Kulisse. Diese wird erst richtig sichtbar, wenn man ein wenig abhebt und sich der Blick ins Tal öffnet. Rosenbögen, Rondells und vor allem die quadratischen Vergleichsflächen bilden ein rosenbuntes Blütenparadies.

Werfen Sie einen Blick auf das Rosenreich mit der Bacchus-Statue im Rondell, die von den Rambler-rosen 'American Pillar' umschmeichelt wird. Aus der Luft springt besonders die Gradlinigkeit der Anlage ins Auge, ihre Hangsituation fällt optisch hingegen nicht mehr ins Gewicht.

DIE BESTEN ROSEN IM TEST

Baden-Baden ist in den Augen und Ohren vieler ein Wohlklang. Die Stadt im milden Klima der Oberrheinebene lockt mit Casino und Galopprennbahn viele wohlhabende Besucher. Opulente Parkanlagen umschmeicheln und beleben die Stadt. Der Pflanzenfan schätzt die Gärten, vielleicht in erster Linie den Rosenneuheitengarten, der außerhalb des regen Stadtlebens mit schöner Aussicht angelegt wurde.

Alljährlich gibt es hier ein besonderes Spektakel: Das Gartenamt Baden-Baden lädt Rosenspezialisten aus aller Welt, um die erlesensten Neuheiten der Rosenzüchtung zu begutachten und die „Goldene Rose von Baden-Baden" zu wählen. Hier ist nicht die Masse, sondern die Klasse entscheidend! Wohl dem Züchter, der in den letzten Jahren die zündende Idee und das nötige Quäntchen Glück hatte, um mit einer Erfolg versprechenden Kreation beim Wettbewerb antreten zu können. Ausdauer und gärtnerisches Können sind gefragt, bis die Rosen ins Rennen auf dem Beutig geschickt werden. Dort werden die Neuheiten in Quadraten nebeneinander aufgepflanzt, sodass die Jury ein vergleichbares Bild der Sorten unter gleichen Standortbedingungen erhält.

Die unterschiedlichen Blühzeiten der Sorten werden übrigens für den großen Tag im Frühsommer – soweit möglich – durch allerlei Maßnahmen angeglichen. Wenn dann die Jurorinnen und Juroren auflaufen, wird der Baden-Badener Chic wieder sichtbar: Mit noblen Hüten, edlen Anzügen und eleganten Kleidern wird nicht gegeizt. Neben den Experten ist auch der Privatgärtner gefragt: Wer mag, stimmt für den Publikumspreis mit ab.

Ja, sind denn überhaupt noch aufregende Neuigkeiten zu erwarten, nach so vielen Jahrzehnten, gar Jahrhunderten der Rosenzucht? Allerdings! Manchmal sind es Feinheiten in der Blütenfarbe, manchmal ist es ein neuer Duft oder eine besonders lange Blütendauer. Aber auch gewisse Trends machen sich bemerkbar. So fördert etwa das zunehmende Interesse für insektenfreundliche Pflanzen die offenen, einfachen Blüten. Außerdem liegen die Gesundheit und Robustheit der neuen Gartenbewohner seit Jahren verstärkt im Augenmerk der Jury. Der moderne Gartenmensch möchte nicht vier- oder fünfmal jährlich mit einer Giftspritze in den Garten hinausziehen, um die Rosen bei Blatt- und Blütenlaune zu halten.

Kletterrosen – Climber und Rambler in allen Rosenfarben – beranken im Rosenneuheitengarten die Zäune und zahllosen Rankbögen. Vor allem wenn sie sich im Juni und Juli in voller Pracht präsentieren, machen sie den Rundgang zu einem blüten- und duftreichen Erlebnis. Lässt die Rosenblüte nach, erfreuen sich die Besucher an den blau blühenden Schmucklilien am zentralen runden Wasserbecken.

GANZ SCHÖN ABGEHOBEN

Es gibt einen romantischen Blick im Rosenneuheitengarten, den wohl jeder schon einmal in einem Magazin oder Buch gesehen hat: das rosafarbene Rosenrondell mit der Bacchus-Statue in der Mitte. Es liegt am Ende des langen Mittelgangs, durch den man unter zahllosen Rosenbögen hindurch spazieren kann. Von oben gesehen ist das Rondell ein lebhafter rosa Klecks inmitten vieler weißer, rosa und roter Farbtupfer. Dies sind nach wie vor die häufigsten Rosenfarben.

Das Schematische, die gleichförmige Anlage der Wege und der Vergleichsflächen – das wird aus der Luft zum Thema. Wir zoomen uns von weit oben, aus knapp 100 Meter Höhe, heran, bis die Gesamtanlage weicht und die einzelnen Quadrate mit Rosensträuchern und schließlich die einzelnen Rosenblüten hervortreten. Unterschiede in Wuchsdichte und Blütenfülle lassen sich bereits frühzeitig von oben erahnen.

Beim Blick über die gesamte Anlage erkennen Sie die Bühne mit der Veranstaltungshalle und einen Flickenteppich farbiger Quadrate.

Wie ein Spielbrett erscheinen diese einzelnen Flächen, wenn Sie etwas dichter heranzoomen. Aus noch größerer Nähe kristallisieren sich bereits einzelne Blüten heraus.

Um Sorten wie die schöne, gefüllt blühende 'Anuschka' geht es in Baden-Baden. 2019 gewann sie den Titel „Goldene Rose von Baden-Baden". Sie steht für Robustheit und gesundes Laub, zugleich verströmt sie nostalgischen Rosencharme.

VIER JAHRESZEITEN IM VORGARTEN

Wenn sich im März der Vorgarten der Familie Staffler in Stuttgart noch kahl zeigt, wird mit Blick von oben umso mehr seine Struktur mit Kiesweg, Sitzplatz und angedeutetem Teich aus blauem Glaskies (überdeckt einen Schachtdeckel) deutlich.

Im Mai blühen Deutsche Iris, Zierlauch und Schwarzer Holunder, und auch die Quitte und das Säulenobst sind jetzt saftig grün belaubt.

Allmählich beginnen die Konturen des Vorgartens vor lauter Wuchsfreude der Pflanzen zu verschwimmen.

FRÜHLING

SOMMER

HERBST

WINTER

Der Oktober ist die Zeit der Quittenernte. Herbst-farben übernehmen für kurze Zeit die Stimmung im Vorgarten. Der ein oder andere Bereich wirkt jetzt ein wenig „struppig".

Selten gibt es in Stuttgart Schnee. Dann ruht der Vorgarten in Stille und es bleibt die Vorfreude auf den kommenden Frühling.

LEBENDIGE HAUSGÄRTEN

Private Gärten bieten eine unbegrenzte Vielfalt an Gestaltungsmöglichkeiten. Im Hausgarten von Ingrid Beck in Stuttgart schmiegen sich um eine organische und top gepflegte Rasenfläche zahlreiche Gartenelemente: ein Teich, Staudenbeete mit Sträuchern, eine Terrasse, gepflasterte Wege und Plätze sowie ein unter einem Obstbaum verborgener Pavillon. Eine weiße Holzbank zwischen zwei Kugel-Trompetenbäumen dient als Sitzplatz. Im voranschreitenden Jahresverlauf werden die Beete üppiger und die Kanten verschwimmen optisch.

2

1 Zugegeben, ein Kompostplatz ist normalerweise nicht das Vorzeigestück im Garten. In manchen Fällen ist ein Blick darauf jedoch sehr lohnenswert. Hansjörg Haas hat in seinem weitläufigen Garten Herrenmühle Bleichheim (Seite 85) Bedarf und Platz für einen großzügig dimensionierten Kompost. Da lag es für ihn nahe, diesen gärtnerisch zu gestalten. Der Bereich bietet jetzt als Kompost- und zugleich Arbeitsplatz nicht nur Raum zum Kompostieren, sondern auch zum Pflanzentopfen, -teilen und -pflegen.

2 Der schmale Vorgarten von Ingrid Beck ist, abgesehen vom Pkw-Stellplatz, komplett bewachsen. Als immergrüner Bodendecker kommt Dickmännchen zum Einsatz. Magnolie, Azalee, Rhododendron und Glanzmispel sorgen im Frühjahr für zeitlich versetzte Blütenhighlights. Eine Kletter-Hortensie begrünt den blau gestrichenen Carport rechts und bringt eine cremeweiße Sommerblüte in den Vorgarten.

Farbenfrohe und abwechslungsreiche Beete mit Stauden, Sträuchern, Zwiebelblumen und Gräsern sind das Steckenpferd von Angelika und Peter Funke in Ohmden im Land-kreis Esslingen. Im Frühling (rechts) wirken die Farben noch saftig frisch, Tulpen und Wolfsmilch sorgen für Blüten im Beet, Gräserbüschel für zarte Strukturen. Zierapfel und Felsenbirne stehen mit ihren Blüten darüber – aus der Vogelperspektive betrachtet ver-schmelzen die verschiedenen Ebenen zu einer einzigen.

Die Staudenwiese (oben) ist eingebettet in die angrenzenden Streuobstwiesen und läuft im Herbst noch einmal zur Hochform auf. Die Rasenwege führen dann durch üppige Beete mit Stauden wie der weißen Schönaster 'Madiva' und Gräsern wie dem Silber-ährengras und Herbst-Kopfgras.

1

1 Im Garten von Sabine Notz in Dettingen wechseln Rasenflächen mit hohen Bäumen, Formschnitt-sträuchern und Staudenbeeten. Unterteilt wird die große Fläche von Heckenstrukturen. Ein Knotenbeet aus Berberitze (*Berberis thunbergii* 'Atropurpurea Nana') und Buchs (*Buxus sempervirens* 'Blauer Heinz' und 'Variegata') vor dem Gartenhäuschen ist aus der Luft gesehen ein echter Blickfang. Ineinander verwoben wachsen die gelbgrün-, blaugrün- und rotlaubigen Formschnitt-pflanzen zu einem Kunstwerk zusammen.

2 Wie man Terrasse und Garten gekonnt miteinander verbindet, lässt sich anhand des Gartens von Kornelia und Gerhard Schirmer in Bellheim nachvollziehen. Die höher gelegene Terrassen-ebene wird mit einem kleinen Hangbeet eingefasst, durch das seitlich ein schmaler Treppen-gang aus Holzstufen hinab in den Garten führt. In das Hangbeet eingelassen liegt der runde Pool, zu dem man ebenfalls über die Terrasse gelangt. Hier entspannt man inmitten der sommer-lichen Blumenpracht, bestehend unter anderem aus Indianer-nessel und Scheinsonnenhut.

3 Zu vielen Hausgärten gehört ein Gartenteich. Ob formal oder eher natürlich angelegt, ist reine Geschmackssache. Der Teich von Sabine Notz ist umgeben von lebhafter Ufervegetation, Teich-pflanzen wachsen in und auf dem Wasser. Wolfsmilch, Pfingst-rosen, Farne und Schwertlilien binden den Teich harmonisch in den Garten ein. Erleben und ge-nießen lässt sich die Szenerie von der Terrasse oder von den bunt angestrichenen umstehen-den Bänken aus.

NORDDEUTSCHE GARTENSCHAU – ARBORETUM ELLERHOOP

Über dem Arboretum-See zu fliegen – ein Traum, den Sie hier wahr machen können. Lassen Sie dabei den Blick über die Gehölzsammlungen, den Garten der Purpurnen Impressionen bis in die Ferne zum Münsterhof schweifen. Auf der linken Seite erstreckt sich der Wiesenpark.

Entlang der Wege finden Sie viele verschiedene Farbthemen. Dieser Überblick präsentiert die Beete in romantischen Farben, vor allem Blau, Violett und Rosa. Ein echter Eyecatcher ist aus der Luft gesehen der blaue Kreis mit seinem Sitzplatz.

VIELFÄLTIGE GARTENINSPIRATIONEN

Professor Hans-Dieter Warda hat die Norddeutsche Gartenschau in den letzten Jahrzehnten zu einem gärtnerischen Highlight im hohen Norden Deutschlands entwickelt. Die Anlage im Kreis Pinneberg umfasst heute 17 ha, erst 2015 wurde sie um 8,5 ha erweitert. Auf der neu hinzugekommenen Fläche erleben Sie im sogenannten Wiesenpark eine weitläufige Landschaft mit Wiesen-Iris, Schachbrettblumen und Wiesen-Storchschnabel sowie eingestreuten Besonderheiten wie einem Steinkreis mit Findlingen aus Ibbenbürener Sandstein. Der Wiesenpark ist eingebettet in die norddeutsche Knicklandschaft.

Herzstück der Norddeutschen Gartenschau ist aber nach wie vor der Münsterhof im typisch niederdeutschen Stil aus dem Jahr 1664 mit dem vorgelagerten Bauerngarten und dem Café. Der weithin bekannte, kleinteilig angelegte und ungemein vielfältige Gartenbereich steht bereits seit 1985 unter der Leitung von Hans-Dieter Warda. Zahlreiche Themengärten locken Besucher nach Ellerhoop: Weißer Garten, Roter Garten, Garten des Südens, Romantischer Rosengarten, Küchengarten, Garten der Purpurnen Impressionen und weitere mehr. Dazu gesellen sich die Dichter-Narzissen-Wiese mit über 600 000 Dichter-Narzissen (*Narcissus poeticus* 'Actaea') und der Arboretum-See mit einem breiten Band aus Lotosblumen (*Nelumbo nucifera*).

Mit großen Festen wie dem Narzissenfest, dem Wiesenfest oder dem Lotosblumenfest werden die Gartenhöhepunkte alljährlich gefeiert. Beim Herbstfest kommen Gehölzfans auf ihre Kosten – der Indian Summer wird mit den herbstfärbenden Bäumen am Arboretum-See – ausgewählten Ahornen (*Acer rubrum*), Amberbäumen (*Liquidambar*), Tupelobäumen (*Nyssa*) und Sauerbäumen (*Oxydendrum*) – durch Illumination in Szene gesetzt.

Warda, der langjährige künstlerische und wissenschaftliche Leiter des Gartens, hat das ehemalige Arboretum Ellerhoop, das 1956 auf dem Gelände der Baumschule Timm & Co. von Dr. h. c. Gerd Krüssmann gegründet wurde, außerdem in einen Lernort mit Bildungsauftrag verwandelt. In der schulbiologischen Abteilung gibt es auf dem Geologischem Erlebnispfad und in der Faszination Bernstein für Kinder viel zu entdecken. Die Baum-Erlebniswelt bietet mit dem gigantischen Nachbau des General Sherman Tree eine zusätzliche Attraktion. Das Modell ist aus Modellierbeton über

einem Stahlgerüst gefertigt und bildet die unteren zehn Meter des legendären Berg-Mammutbaums (*Sequoiadendron giganteum*) aus dem kalifornischen Sequoia-Nationalpark ab. Abgerundet ist diese Station mit aufwendigen Installationen, die den inneren Aufbau eines solchen Baums nahebringen.

GANZ SCHÖN ABGEHOBEN

Die Vielfalt dieses Gartenreichs ist überwältigend: Das breite Spektrum an Pflanzenarten und Gartenthemen erzeugt ein ab-wechslungsreiches Zusammenspiel von Formen und Farben, das aus der Luft für viele unterschiedliche Bildeindrücke sorgt.

Einmal treten die Grundrisse in den Vordergrund, etwa vom kreisrunden Weißen Garten (siehe Titelbild) oder vom Roman-tischen Rosengarten. Ein anderes Mal dominieren die flächigen Pflanzenstrukturen wie dicht an dicht schwimmende und schein-bar übereinander schwebende Blätter der Lotosblumen oder das linear angeordnete Gemüse im Küchengarten. Die Farbe als Ge-staltungsmittel macht wiederum den Reiz der Roten Rabatte, des Gartens der Purpurnen Impressionen oder des Sonnenwegs aus.

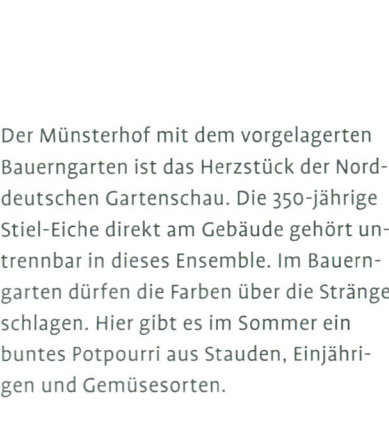

Der Münsterhof mit dem vorgelagerten Bauerngarten ist das Herzstück der Norddeutschen Gartenschau. Die 350-jährige Stiel-Eiche direkt am Gebäude gehört untrennbar in dieses Ensemble. Im Bauerngarten dürfen die Farben über die Stränge schlagen. Hier gibt es im Sommer ein buntes Potpourri aus Stauden, Einjährigen und Gemüsesorten.

1

2

1 In der Roten Rabatte machen Fuchsschwanz, Zinnien, Blumenrohr, Feuer-Salbei und Wunderbaum gemeinsame Sache. Sie bieten auch aus der Luft ein feuriges Farbenspiel. Gezielt eingesetzt sorgen violette Sommerastern und blauer Mehl-Salbei für einen optischen Ausgleich.

2 Dieser Bereich des Roten Gartens schließt an die Rote Rabatte an, hat aber eine ganz andere Ausstrahlung. Er ist geometrisch angelegt und normalerweise hinter Formschnittecken mit Durchgängen verborgen. Die Drohne ermöglicht den Blick auf die Hauptachse, die mit grünlichem Geröll und blaugrünen Glasbrocken versehen den Anschein eines Wasserbeckens erweckt.

Eines der Wahrzeichen der Norddeutschen Gartenschau ist die Lotosblume (*Nelumbo nucifera*). Professor Hans-Dieter Warda hat lange experimentiert und schließlich einen Ökotyp gefunden, der hier optimal gedeiht. Seither erfreuen sich jeden Sommer unzählige Gartenbesucher an der mehrere Tausend Quadratmeter großen Pracht dieser legendären Wasserpflanze. Aus der Luft bietet sich ein grandioser Blick auf den dichten Blätterteppich.

Wer durch den Sonnenweg flaniert, darf sich an den warmen und hellen Farbtönen erfreuen. Eine Blumenmischung, unter anderem bestehend aus Zinnien, Saat-Wucherblumen und weißen Schmuckkörbchen, macht diesen Streifzug auch an bedeckten Tagen zu einem wahrhaft sonnigen Erlebnis.

Die einzigartige Wegeführung des Romantischen Rosengartens mit seinem Pavillon, den Rosenbögen und dem Brunnen wird von oben betrachtet zum prägenden Bildelement, während die wunderbaren Rosenblüten als Farbflächen miteinander verschmelzen. Der Rosengarten wurde von einer Studentin der Hochschule Osnabrück im Rahmen einer Diplomarbeit gestaltet.

Nur durch einen Weg von diesem Bereich getrennt schließt sich der Formschnittgarten an, unter anderem mit wellenförmig geschnittenem Buchs. Dieser grenzt an den Garten am Meer mit einem Sitzplatz inmitten von Kies und rundgeschliffenem Sedimentgestein.

1

2

3

1 Der geometrisch angelegte Garten des Südens mit italienischem Pavillon, überschwänglicher Bepflanzung und sprudelnden Fontänen versetzt Besucher für einen Moment lang in südliche Gefilde. Zypressenähnlich wachsende Wacholder in säulenförmigen Sorten wie 'Spartan' runden die mediterrane Atmosphäre ab – aus der Höhe betrachtet jedoch treten sie optisch zurück.

2 Salate, Kohlsorten, Porree und Blumen, die so typisch für Bauerngärten sind wie Dahlien, Sonnenblumen und Zinnien, stehen im Küchengarten in Reih und Glied. Die Vielfalt der Nutzpflanzen wird hier anschaulich und lehrreich präsentiert.

3 Der bei Besuchern beliebte Arboretum-See ist herrlich bewachsen mit Lotosblumen. Gehölze wie die Sumpfzypressen (*Taxodium*) und die Tupelobäume (*Nyssa*), die am und im Wasser stehen, ergänzen das Bild. Von Stegen, Aussichtspunkten und einer Brücke lässt sich der See aus vielen Richtungen bewundern. Die Drohne bietet Ihnen von oben einen Blick über den gesamten See.

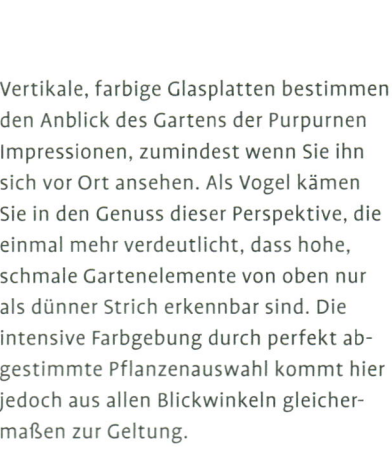

Vertikale, farbige Glasplatten bestimmen den Anblick des Gartens der Purpurnen Impressionen, zumindest wenn Sie ihn sich vor Ort ansehen. Als Vogel kämen Sie in den Genuss dieser Perspektive, die einmal mehr verdeutlicht, dass hohe, schmale Gartenelemente von oben nur als dünner Strich erkennbar sind. Die intensive Farbgebung durch perfekt abgestimmte Pflanzenauswahl kommt hier jedoch aus allen Blickwinkeln gleichermaßen zur Geltung.

ZWIEBELN IM ZOOM

Zoomt man sich von der Übersicht des Wohnhauses der Familie Eppinger Stück für Stück in den Vorgarten hinein, fällt zunehmend die Sandfläche mit einem Tisch und Stühlen ins Auge. Aber was liegt da auf dem Tisch? – Es sind Zwiebeln, und zwar der Steckzwiebelsorte 'Stuttgarter Riesen' (*Allium cepa*), die spät reift und lange lagerfähig ist.

INSEL MAINAU

Eine herrliche Morgenstimmung setzt das Barockschloss mit der Schlosskirche St. Marien, dem Palmenhaus und dem Italienischen Rosengarten in Szene. Der Bootsanleger ist noch leer, der Bodensee liegt ruhig da. Die teils stattlichen, alten Gehölze wirken von weit oben wie Modellbäume.

Ein Wahrzeichen der Insel Mainau sind die kunstvoll aus Blumen errichteten Blumentiere: eine Entenfamilie und allen voran der majestätische Pfau, dessen aufgefächerter Schwanz von unzähligen Sommerblumen in schillernde Pracht versetzt wird. Diese wird hier von einem Regenbogen untermalt, der sich im Schauer des Beregners gebildet hat.

GARTENATTRAKTION IM BODENSEE

Eigentlich kennt sie jeder Garten- und Blumenfreund in Deutschland und weit über seine Grenzen hinaus: die Blumeninsel im baden-württembergischen Teil des Bodensees. Es wird trotzdem nie langweilig, sie zu besuchen, denn es gibt ständig Neues zu entdecken und zu bewundern auf der gräflichen Insel. Mal wird in Kooperation mit der Gesellschaft der Staudenfreunde (GdS) ein großes, modernes Staudenbeet angelegt, mal werden temporäre Gärten neu inspiriert dargeboten, und seit 2014 gibt es ein modernes Dachterrassen-Ensemble mit bepflanzten Innenhöfen zu bestaunen. Die „altbekannten" floralen Highlights werden zudem stets top in Schuss gehalten und sind immer wieder aufs Neue ein Genuss: die Blumentiere wie der Pfau, die Frühlingsallee mit Tausenden Tulpen, die Mediterran-Terrassen mit Schwanenbrunnen, der Dahliengarten oder der Rosengarten. Ein Besuch ist willkommene Pflicht für Gartenbegeisterte und lohnt sich rund ums Jahr. Damit auch Familien nicht zu kurz kommen, bietet das Mainau-Kinderland unter anderem mit Wasserspielplatz, Themenspielplätzen, Forscherstationen und dem Mainau-Bauernhof Abwechslungsreiches für die kleineren Gartenentdecker.

GANZ SCHÖN ABGEHOBEN

Aufgrund der besonderen Zugangsbeschränkungen im Jahr 2020, die für die Mainau höchst ärgerlich waren, ergab sich mir die Gelegenheit, die Drohne über die frühlingshafte Insel fliegen zu lassen und zauberhafte Eindrücke einzufangen – ganz ohne Besucher. Des einen Leid, des anderen Bild ...

Die formalen Beete und Anlagen machen aus der Luft gesehen viel her. Die Brunnenarena etwa begeistert als runder Farbenkreis mit rosa und weißen Zierkirschen am Rand. Die so früh im Jahr noch unbelaubten Platanen geben den Blick auf den Erdboden frei und präsentieren zugleich ihr graziles Geäst. Auch die geometrische Anordnung der Blumenbeete mit Wechselflor im Dahliengarten wird erst von oben offenbar. In Linien, Kreisen und Bögen kunstvoll arrangierte Zwiebelpflanzen, Einjährige und Stauden verweben sich im Frühjahr zu Farbflächen. Pflasterkreise und Wege strukturieren und trennen sie voneinander.

Die Italienische Blumen-Wassertreppe ist in der Vogelperspektive kaum wiederzuerkennen, weil das charakteristische, span-

nungsreiche Gefälle nicht in Erscheinung tritt. Stattdessen präsentiert sie sich als schnurgerade Achse in gelborangen Tönen, die von Beeten, Bäumen und Rasen flankiert wird und die obere Inselebene mit dem Bodensee verbindet.

Das Arboretum, die Baumsammlung im Herzen der Insel, wirkt von oben betrachtet im Frühling farbenfroh: Frisches Grün, Blaugrün, Weiß, rötliche Töne und Orange mischen sich zu einem Potpourri, das man aus der Bodenansicht nur in kleinen Ausschnitten wahrnehmen kann. Genau andersherum verhält es sich mit den zahllosen Tulpen an der Frühlingsallee, die bei einem Spaziergang prächtig erscheinen, von oben gesehen hingegen kaum zur Geltung kommen.

Fehlen darf hier keinesfalls der Pfau – kein lebendiger Vogel, sondern bekanntermaßen ein dreidimensional mit Tausenden Sommerblumen bepflanztes Kunstwerk. Aus der Luft zeigt sich der Pfau mit den aufgefächerten Schwanzfedern in seiner ganzen Pracht.

Im Platanenweg 5 – so nennt sich ein angelegter Muster-Hausgarten – bekommen Sie ebenerdig in der Gartenlaube Pflanzeninformationen; mit der Drohnenaufnahme (Seite 5) erhalten Sie hingegen einen wunderbaren Eindruck über all das, was Hausgärten in Deutschland so reizvoll macht: Beete, Rasen, Teich, Gewächshaus, Rosenpavillon, Sträucher und Obstbäume, Hochbeet, Pergola und Kompost.

Mammutbäume, Tulpenbäume und Magnolien sowie viele weitere Arten gedeihen im Arboretum, dessen älteste Bäume seit 150 Jahren dort in den Himmel wachsen. Die Baumsammlung des Großherzogs Friedrich I. ist vor allem dessen Sammelleidenschaft und nicht wissenschaftlichen Aspekten geschuldet. Die Bäume prägen heute die Silhouette der Insel.

Der Schwanenbrunnen inmitten der Mediterran-
Terrassen ist ein eleganter Blickfang, umgeben von
farbenfrohen Frühlingsblühern wie Tulpen, Narzis-
sen und Kaiserkronen. Rosa und weiße Zierkirschen
bilden den Rahmen. Langsam aufsteigend erblicken
Sie zunächst das Barockschloss im Hintergrund, bis
Sie schließlich direkt über dem Brunnen schweben
und die ornamentale Struktur bestaunen können.

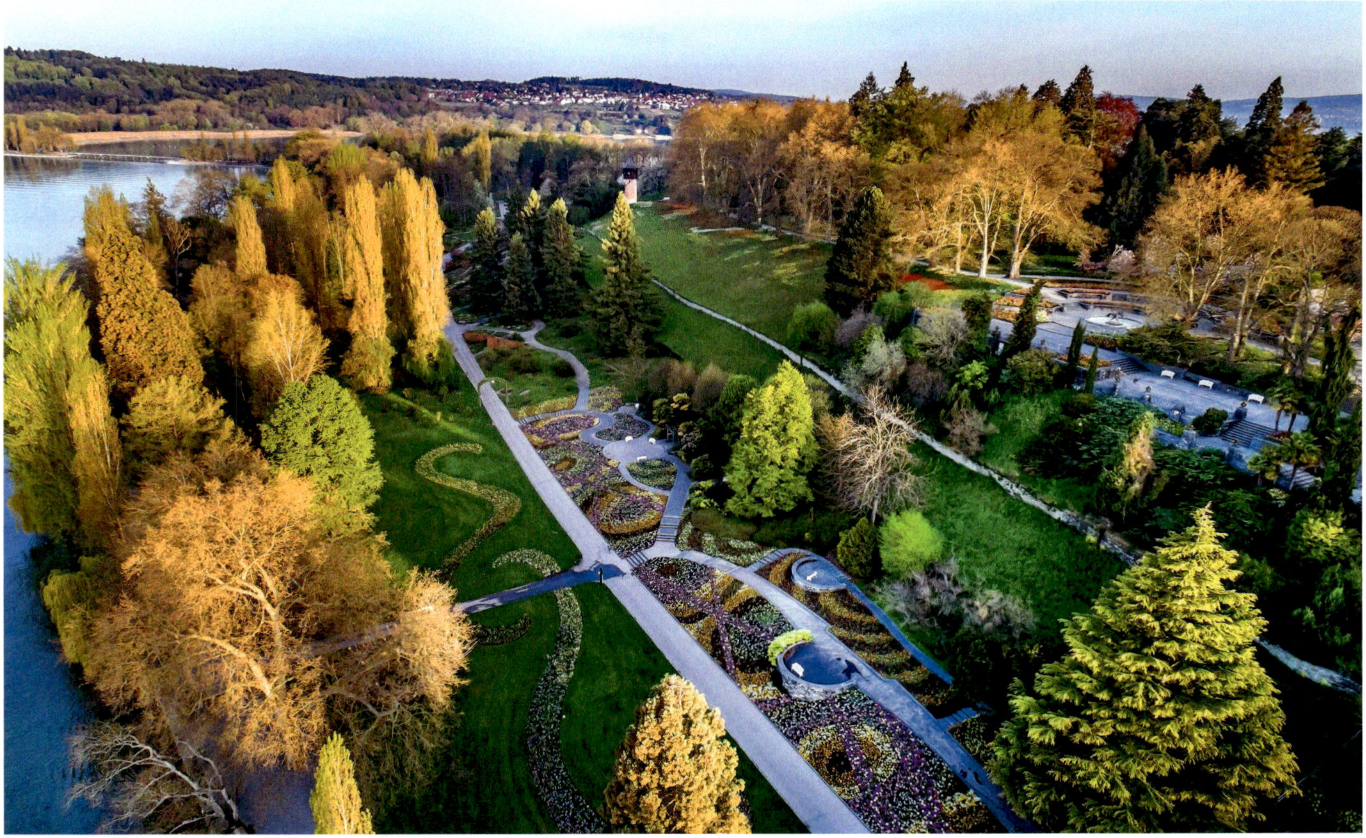

Der Dahliengarten ruht im Frühjahr noch im Dornröschenschlaf, allerdings werden die Flächen bis Mai von bunten Frühlingsblumen bevölkert. Tulpen, Vergissmeinnicht und die austreibenden Zierlauche sorgen für ein tolles Gesamtbild mit dem Schwedenturm. Aus halber Höhe betrachtet öffnet sich Ihnen der Blick auf die Insel, den Bodensee und das angrenzende Ufer. In der Draufsicht entsteht ein klares Bild vom verschlungenen Wegesystem mit kreisförmigen Plätzen und den dazwischenliegenden Blumenarrangements.

Sonnenaufgang überm Palmenhaus, in dem über 20 Palmenarten gezeigt werden und Ausstellungen wie die alljährliche Orchideenschau im Frühjahr zu bestaunen sind. Aus der ungewohnten Ansicht sind die Palmen nur zu erahnen, dafür ist die bemerkenswerte Architektur des Glashauses ein Eyecatcher.

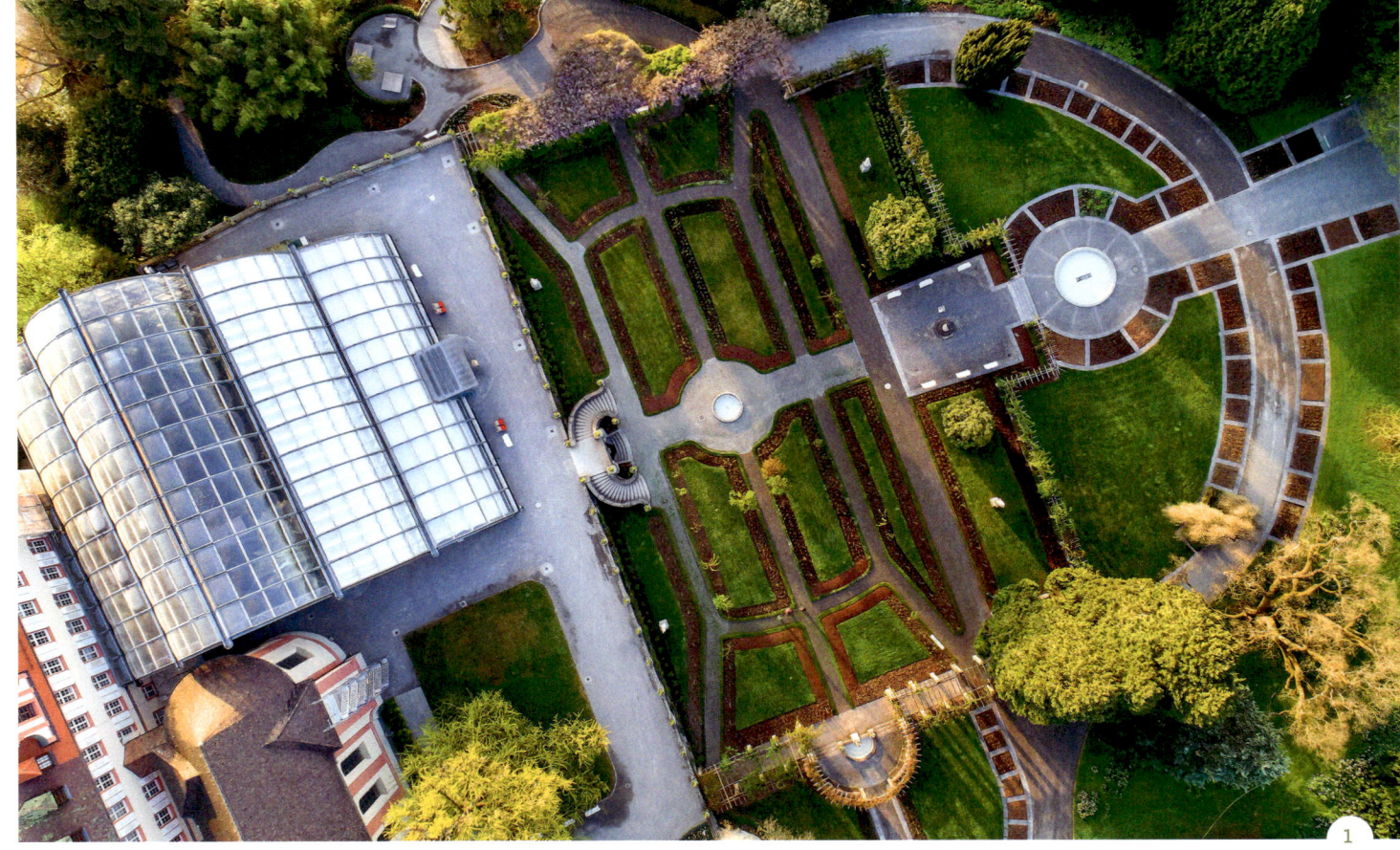

1

1 Aus der Luft lässt sich der formale Aufbau des Italienischen Rosengartens gut überblicken – die Rosen sind zu dieser Jahreszeit aber noch unbelaubt und ohne ihre farbigen Blüten. Der Garten liegt vor dem Barockschloss und dem Palmenhaus und wurde im 19. Jahrhundert von Großherzog Friedrich I. von Baden in Auftrag gegeben.

2 Vermissen Sie etwas? Wer die Italienische Blumen-Wassertreppe kennt, weiß um die eindrucksvollen Zypressen, die links und rechts Spalier stehen. Von oben gesehen werden sie zu unbedeutenden grünen Punkten. Einerseits schade, aber Sie können sich auf diese Weise umso mehr an der gradlinigen Anlage und den gelborangen Farbtönen des Frühlings erfreuen.

3 Der Staudengarten der Insel Mainau ist geprägt von modernen Pflanzenkombinationen, die in Kooperation mit der Gesellschaft der Staudenfreunde (GdS) entwickelt wurden. Schnitthecken und ein Wegeraster unterteilen die Beete – aus der Luft gut erkennbar. Prachtstauden harmonieren mit trendigen Prärie- und Steppenpflanzen. Mit über 20 000 Pflanzen in 700 Arten ist hier vom Frühjahr bis zum Herbst stets Vielfalt geboten.

CAMEN-HOF

Rings um das stattliche Hofgebäude mit verschachtelten Nebengebäuden liegen die Gärten am Camen-Hof. Die zumeist rechtwinklige Anordnung der einzelnen Gartenbereiche ermöglicht eine hohe Dichte und eine Gestaltung in vielen verschiedenen Stilen und Farben. Hier ist kein Quadratmeter der großen Fläche ungenutzt!

Der üppig dimensionierte Küchengarten ist kreuz-
förmig angelegt. Er bietet Raum für vier Hochbeete,
die sich in der Mitte befinden, sowie für daran angrenzende ebenerdige Gemüse- und Kräuterbeete.
Von oben wird die Vielfalt der Arten und Sorten – in
Reih und Glied gepflanzt – besonders deutlich.

SICHTACHSEN UND GARTENRÄUME

Das etwa ein Hektar große Grundstück der Familie Münstermann liegt inmitten der Hellwegbörde vor den Toren von Soest. Bereits vor zwei Generationen wurde der Grundstein für die Gärten am Camen-Hof gelegt. Im Laufe der Jahre hat man jedoch manche Bereiche verändert. Der heutige Küchengarten etwa ist mit dem einstigen Nutzgarten der Großeltern von Dietmar Münstermann nicht vergleichbar. Einen Ziergarten gab es nach damaliger Vorstellung zwar bereits, er musste nach dem Krieg allerdings für eine weitere Nutzfläche aufgegeben werden. Diese wurde dringend benötigt, um die Versorgung der Familie und der Erntehelfer des Bauernhofs sicherzustellen – der Ziergarten war daraufhin eine Zeit lang kein Thema.

Seit 1986 bewirtschaften Jutta und Dietmar Münstermann Haus und Garten, und peu à peu entwickeln und gestalten sie beides weiter. Von wenigen Ausnahmen abgesehen machen sie die Gartenarbeit selbst. Hier bekommen sie den Kopf frei und einen körperlichen Ausgleich zu ihren Berufen – Dietmar Münstermann ist Diplom-Ingenieur für Landschaftsarchitektur und lehrt an der Hochschule Osnabrück, Jutta Münstermann, Diplom-Ingenieurin

für Landespflege, arbeitet in der Unteren Naturschutzbehörde, Kreis Soest. Und weil sie beide vom Fach sind, bietet ihnen der Garten darüber hinaus ein großes Experimentierfeld.

GANZ SCHÖN ABGEHOBEN

Aus der Luft lassen sich die Dimensionen der stark verschachtelten Hof- und Nebengebäude gut überblicken. Die Gartenbereiche um die Gebäude herum sowie ihre verbindenden Achsen sind deutlich zu erkennen. Rosengarten, Bauerngarten, Blauer Garten, Küchengarten und Roter Garten sind vorwiegend orthogonal aufgebaut, was für Klarheit sorgt und dem Blick von oben Halt gibt. Der Gelbe Garten fällt aus dem Rahmen, er ist in verschlungenen Kreisen und Bögen aufgebaut – ein origineller Grundriss, der aus der Luft gesehen erst richtig zur Geltung kommt.

Der Wechsel von der Normalperspektive zur Draufsicht ist hier im Grunde der Schritt zurück zur Planungsebene auf dem Papier oder am Computer. Es lässt sich gut nachvollziehen, was sich die Gartengestalter hier vorgestellt und wie sie es umgesetzt haben.

Aus der Vogelperspektive offenbart der eingangs erwähnte Küchengarten eine enorme Vielfalt an Arten, die früher oder später auf dem Teller landen. Die vier großen Hochbeete im Zentrum verlieren aus dieser Sicht ihre Bedeutung als optischer Raumteiler; der wuchernde Kürbis verdeckt eines der Beete fast vollständig.

Über der großen Hoffläche und dem Eingangsbereich thront eine Blut-Buche (*Fagus sylvatica* 'Purpurea Tricolor') – ein seltenes Exemplar in dieser Größe, dessen Vielfarbigkeit in Rosa-Weiß-Bunt vor allem aus der Nähe wirkt. Im zweidimensionalen Bild aus der Luft geht leider viel vom Charme dieses stattlichen Laubgehölzes verloren.

Der romantische Teich ist mit „Entengrütze", der Wasserlinse (*Lemna*), derart zugewachsen, dass er von oben eher wie eine Rasenfläche aussieht.

Einen schönen farblichen Kontrast zum Grün der Pflanzen bilden über den gesamten Garten hinweg die Wege, die überwiegend aus rötlichen Klinkersteinen angelegt wurden.

Die Betriebshöfe und Wirtschaftsflächen liegen verborgen und abseits – wenn Sie den Garten besuchen, etwa im Rahmen der Offenen Gartentage, werden Sie sie nicht wahrnehmen. Von oben gesehen lassen sie sich jedoch nicht verstecken. Sie mögen etwas kahl wirken, und hier und da liegen Material und Geräte – aber auch diese Flächen gehören zum Gesamtbild dazu!

Im Winter unter einer Schneedecke kommen die eindrucksvoll akkuraten Konturen der Hecken und Gartenräume noch besser zur Geltung (Seite 104). Die Drohne arbeitet jetzt im Temperaturgrenzbereich, aber sie fliegt zuverlässig.

Im Roten Garten spielen die rot blühenden Pflanzen wie Montbretien 'Luzifer' und Rosen im Kontrast zum grünen Blattwerk die Hauptrolle. Die rotlaubigen Sträucher (*Cotinus coggygria* 'Royal Purple' und *Physocarpus opulifolius* 'Diavolo') und Einjährige wie die Rote Melde (*Atriplex hortensis* 'Rubra') ergänzen das Bild. In der Draufsicht wird die Rabatte in ihrer Längsausdehnung optisch betont und die Pflanzenstrukturen treten stärker hervor.

Der Münstermannsche „Feierabendgarten" ist ein Walled Garden, also ein ummauerter Garten. Zwischen Buchs- und Eibenpyramiden, mit Blick auf Taglilien, Montbretien, Phlox und Dahlien lassen Jutta und Dietmar Münstermann hier gern den Tag ausklingen. Ausgänge führen zum Lotosgarten und zum Holzdeck am Teich.

Der Gelbe Garten fällt aus der Reihe: Geschwungene Formen sowie die ungewöhnliche Gartenfarbe Gelb machen ihn zu etwas Besonderem. Wenn Sie hindurchgehen, erleben Sie den Weg mit seinen Bögen und überraschenden Blickwinkeln. Von oben offenbart sich Ihnen die spielerische Gesamtkonzeption dieses Bereichs mit den gelb blühenden und gelblaubigen Stauden, Sträuchern und Gräsern.

Im klassischen westfälischen Bauerngarten sind die Beete von Buchshecken eingefasst, mittig dienen Buchskugeln als Hingucker. Aus der Luft erkennen Sie die mehrfach verschachtelten Buchshecken mit darin liegenden Beetflächen besonders deutlich, aus der normalen Perspektive wirken hingegen die kugeligen Buchsbäume viel plastischer.

VIER JAHRESZEITEN IM BAUERNGARTEN

Im Frühling sind zwei der vier Beete im Bauerngarten von Michael Eppinger noch kahl. Die beiden anderen beherbergen Zweijährige und Stauden, die auch im April schon den Boden bedecken und Farbe bringen. Im Hang links und rechts des Küchengartens stehen die Apfel- und Kirschbäume in voller Blüte. Ende Mai kann man bereits zahlreiche junge Pflanzen erkennen und alles ist saftig grün. Mitte September stehen viele Pflanzen erntereif in ihren Reihen, ein Hauch von Herbst macht sich in den gelbgrünen Tönen bemerkbar. Anfang November ist der Herbst in vollem Gange. Golden leuchten die Blätter der Obstbäume, manches Gehölz ist schon kahl und zeigt sein graues Zweiggerüst. Im Gemüsefeld warten neben dem Porree einige Tomatenpflanzen noch auf die letzte Ernte. Die Schneedecke im Januar lässt nur noch monochrome Nuancen wirken.

FRÜHLING

SOMMER

HERBST

WINTER

HERREN-
MÜHLE
BLEICHHEIM

Einen tollen Überblick des Gartens der Herrenmühle – vom Schattengarten mit Kompostplatz bis hin zur Pergola – gewinnt man aus knapp 100 Meter Höhe. Die Lage am Bleichbach, das historische Gebäudeensemble sowie die Beete und Wege treten klar hervor.

Der Empfangsbereich der Herrenmühle in Kreisform schafft eine behagliche Atmosphäre. Ein Natursteinmäuerchen, von Spanischem Gänseblümchen freundlich überwuchert, fängt den kleinen, mit Stauden und Sträuchern bepflanzten Hang ab und bildet in diesem Bereich die äußere Kreisumgrenzung. Diese wird durch eine einfache Pflasterreihe im wassergebundenen Belag fortgesetzt – eine elegante Lösung, die von oben besonders gut erkennbar ist.

PFLANZENSCHÄTZE IN BESTER LAGE

Das historische Gebäudeensemble der Herrenmühle in Bleichheim bildet einen spannungsreichen Kontrast zur modernen, teils mediterran anmutenden Bepflanzung und Gestaltung des Gartens. Die klimabegünstigte Lage seines Gartens im südlichen Baden-Württemberg ermöglicht Hansjörg Haas vor allem das Experimentieren mit kälteempfindlichen Pflanzen. Darüber hinaus kann er dank der vielfältigen Standortbedingungen – etwa am Bachufer, in vollsonnigen Bereichen oder an schattigen Stellen – unterschiedlichste Arten und spannungsreiche Pflanzkombinationen ausprobieren.

Nachdem der Gartenbau-Ingenieur, angestellt beim Landratsamt Ortenaukreis und dort zuständig für Obst, Gartenbau und Landespflege, lange Zeit einen Garten im gleichen Ort gepflegt hatte, bot sich ihm 2010 die Gelegenheit, das Grundstück mit der Herrenmühle zu mieten. Fast wie aus einer Vorahnung heraus hatte er bereits in den vergangenen Jahren Natursteine und andere Materialien gesammelt, die nun einen würdigen Platz auf dem Gelände der Herrenmühle fanden.

Die meiste Arbeit im Garten erledigt Hansjörg Haas selbst, nur Natursteinarbeiten gibt er in Auftrag. Eine Pflegekraft zur Instandhaltung des Gartens kommt zudem regelmäßig zur Unterstützung – keine Frage bei der Größe des Areals.

Im großen Gewächshaus zieht der passionierte Gärtner Haas eigene Pflanzen. So können Sie nach einem Besuch seines traumhaften Gartens die ein oder andere Rarität und soeben im Garten Gesehenes direkt bei ihm erwerben.

GANZ SCHÖN ABGEHOBEN

Gerade Wegeführung und kreisförmige Plätze zeichnen diese Gartenanlage aus. Aus der Vogelperspektive ist das gut zu erkennen: Der Eingangsplatz und ein geräumiger Kompost mit Arbeitsbereich (Seite 32) bilden Kreise, aufgegriffen wird dies am Seiteneingang. Entlang des geschwungen verlaufenden Bleichbachs an der Südseite des Grundstücks verläuft ein ebenfalls geschwungener Weg vom formalen Bauerngarten auf der westlichen Seite bis zur von weißen Wisterien berankten Pergola auf der östlichen Seite. Die daran anschließenden Gartenbereiche hat Hansjörg Haas gradlinig und orthogonal zu den Gebäuden konzipiert.

Der aus der Luft unübersehbare leichte Knick in der Hauptachse zwischen Wasserbecken und Hauptgebäude hat einen historischen Ursprung: Er entspricht dem Verlauf des Mühlkanals, der sich früher hier befand. Den eigentlichen Grund für den Knick konnte der Gartengestalter allerdings nicht herausfinden. Aus der Normalperspektive muss man zweimal hinschauen, um diese amüsante Ungereimtheit überhaupt zu bemerken. Warum man dies je nach Blickwinkel unterschiedlich wahrnimmt, erklärt sich auch aus der dichten Bepflanzung, wie man gut an der Gegenüberstellung der beiden Perspektiven (Seite 90/91) erkennen kann. Vom Boden aus, unter der Pergola stehend, lässt sich das Wasserbecken nur erahnen, während es von oben gesehen stets zentrales und bestimmendes Element dieses Gartenteils ist.

Faszinierend erscheinen aus der Vogelperspektive die Dachflächen mit ihren teils alten, vielfarbig nuancierten und bemoosten Dachziegeln. Dazu kommt das Wechselspiel der verschiedenfarbigen Pflanzen: Gehölze und Stauden mit grünem, gelbgrünem, rotgrünem und grausilbrigem Blattwerk verbinden sich zu einem abwechslungsreichen Gesamtbild.

Im geräumigen Gewächshaus sorgt Hansjörg Haas emsig für neue Jungpflanzen. Hierhin entschwindet er auch, sobald Sie Ihren Besuch der Herrenmühle beendet haben – da können Sie sicher sein! Das edle Weiß des Glashauses steht von oben gesehen im Kontrast zu den changierenden Dachziegeln der übrigen Gebäude.

Wasserbecken und Pergola bilden eine perfekte Einheit: Weiße Glyzinie, dunkellaubige Sträucher und Blattschmuckstauden wie der Kron-Rhabarber bieten hier ein stimmiges Bild. Aus der Vogelperspektive fügt sich die silbergraue Ölweide (*Eleagnus*) in diese Harmonie mit ein. Das Wasserbecken mit Natursteinumrandung und türkisgrünem Boden ist das Herzstück dieser Ansicht.

1

1 Der Seiteneingang mit dem historischen Portal bietet Raum für eine tolle Kombination aus Bepflanzung, einem gepflasterten Steinkreis mit integriertem Mühlstein sowie dem halbkreisförmig umlaufenden wassergebundenen Weg.

2 Auf dem Sitzplatz an der Längsseite der Herrenmühle lässt es sich schon früh im Jahr in der Sonne gut aushalten. Das warme Mikroklima in diesem Bereich spiegelt sich in der Bepflanzung mit mediterranem Schwerpunkt wider: Bart-Iris und Wolfsmilch fühlen sich hier besonders wohl. Die Böschung zum Bleichbach hingegen wird von eher feuchtigkeitsliebenden und schattenverträglichen Arten wie Funkien, Salomonssiegel und Farnen bestimmt.

3 Rustikale Buntsandsteine – alte Fenstergewände – führen als Weg durch den Schattengarten. Hier dominieren Blattschmuckpflanzen wie Funkien und Farne, aber auch exotisch anmutendes wie die dunkellaubige Samt-Hortensie 'Hot Chocolat'. Der waghalsige Drohnenflug durchs Geäst des Walnussbaums war nur mit höchster Vorsicht zu bewerkstelligen.

GÄRTNERISCHE
STRUKTUREN

Scheinzypressen, Eiben und Buchsbaum als Formschnittgehölze werden in der Baumschule Schlegel in Riedlingen in Reihen aufgepflanzt. Es dauert viele Jahre, bis die Pflanzen verkauft werden. In dieser Zeit werden sie immer wieder versetzt und in Form gebracht.

1

1 Pflanzenquartier, Gewächs-
häuser und Verkaufstische der
Staudengärtnerei im HORTVS
wurden von Peter Janke recht-
winklig und funktional angelegt.
Viele gärtnerische Schätze gibt
es hier zu entdecken, etwa aus
der Gattung *Helleborus* oder hun-
derte Sorten Schneeglöckchen
(*Galanthus*) sowie Elfenblumen
und Chinaschilf in Dutzenden
Sorten. Gartenliebhaber finden
zahllose Inspirationen und nie-
mand geht mit leeren Händen
nach Hause.

2 Wer keinen Hausgarten hat,
sucht sich in Deutschland gern
eine Parzelle im Schrebergarten,
auch Kleingarten genannt. Je
nach Satzung der jeweiligen Anlage wird dort eher streng oder
eher locker geregelt, wie die
Flächen zu bewirtschaften sind.
In diesem Garten mit Rasenflächen und Obstbäumen ist
offenbar viel gestalterischer
Freiraum gegeben.

3 Winter auf der Schwäbischen
Alb: Die kahlen Apfel- und Kirschbäume auf dieser Streuobstwiese
werfen bizarre Schattenfiguren
in den frischen Schnee, Bienen-
stöcke am Haus warten auf die
wärmenden Sonnenstrahlen des
Frühjahrs.

Wie ein Strichcode wirken die Reihen nebeneinanderstehender Pflanzen in der Baumschule Schlegel. Von oben betrachtet gibt vor allem der unterschiedliche Schattenwurf Aufschluss über die Form der Gehölze, etwa kegel-, quader- oder kugelförmig.

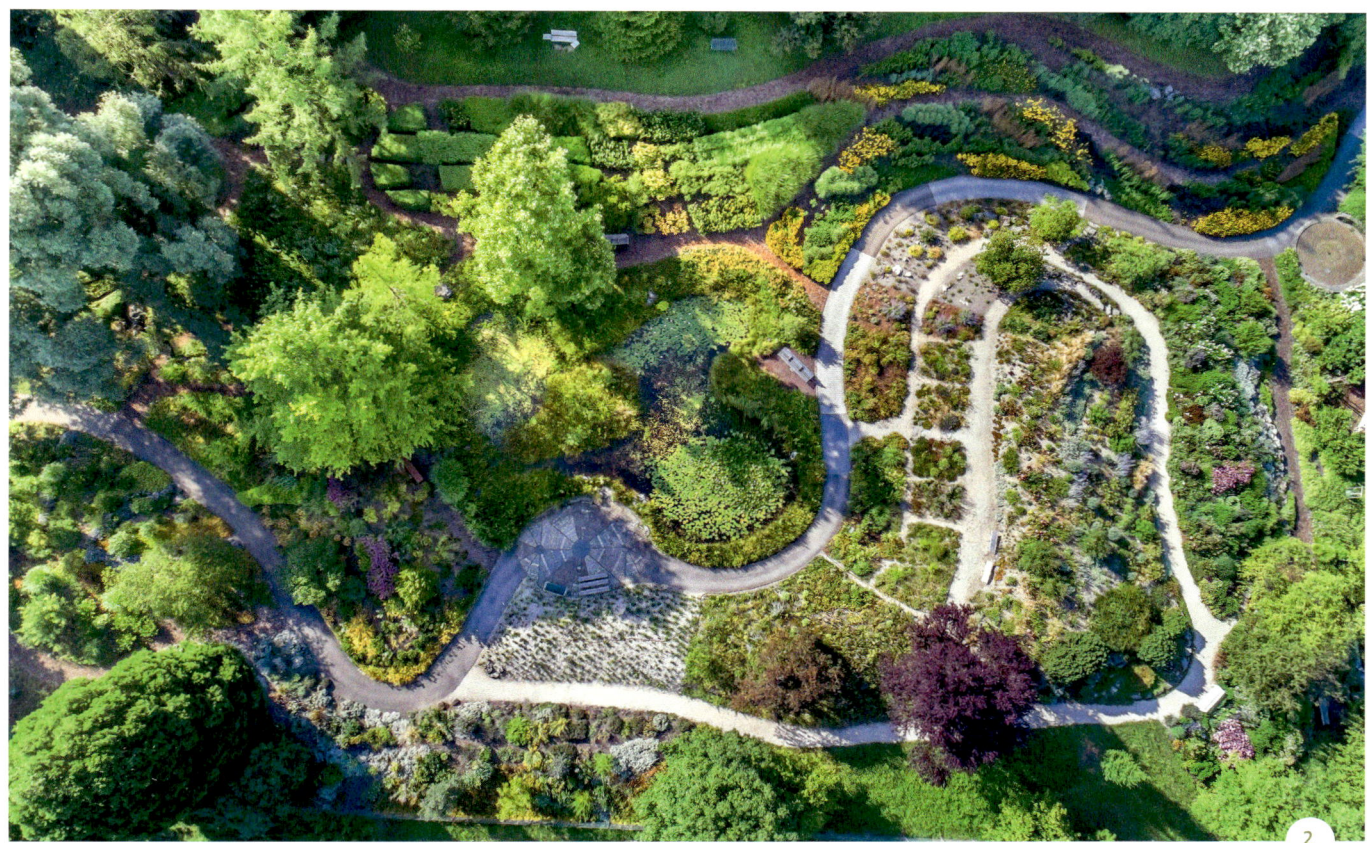

2

1 Im Teich des Lehr- und Versuchsgartens Braike (auch im Bild Seite 101, Mitte) steht im Juli die Seerosen-Hybride 'Escarboucle' (*Nymphaea*) in voller Blüte. Hier scheint sie ihre Blüten dem unbekannten Flugobjekt über sich entgegenzustrecken.

2 Im Lehr- und Versuchsgarten Braike der Hochschule für Wirtschaft und Umwelt Nürtingen-Geislingen herrschen geschwungene Wege und Beetformen vor. Studierende der Landschaftsarchitektur und Besucher können hier Beispiele für die Verwendung von Gehölzen und Stauden kennenlernen. Die präsentierten Bepflanzungstypen zeigen gut geeignete Kombinationen für die unterschiedlichsten Standortbedingungen.

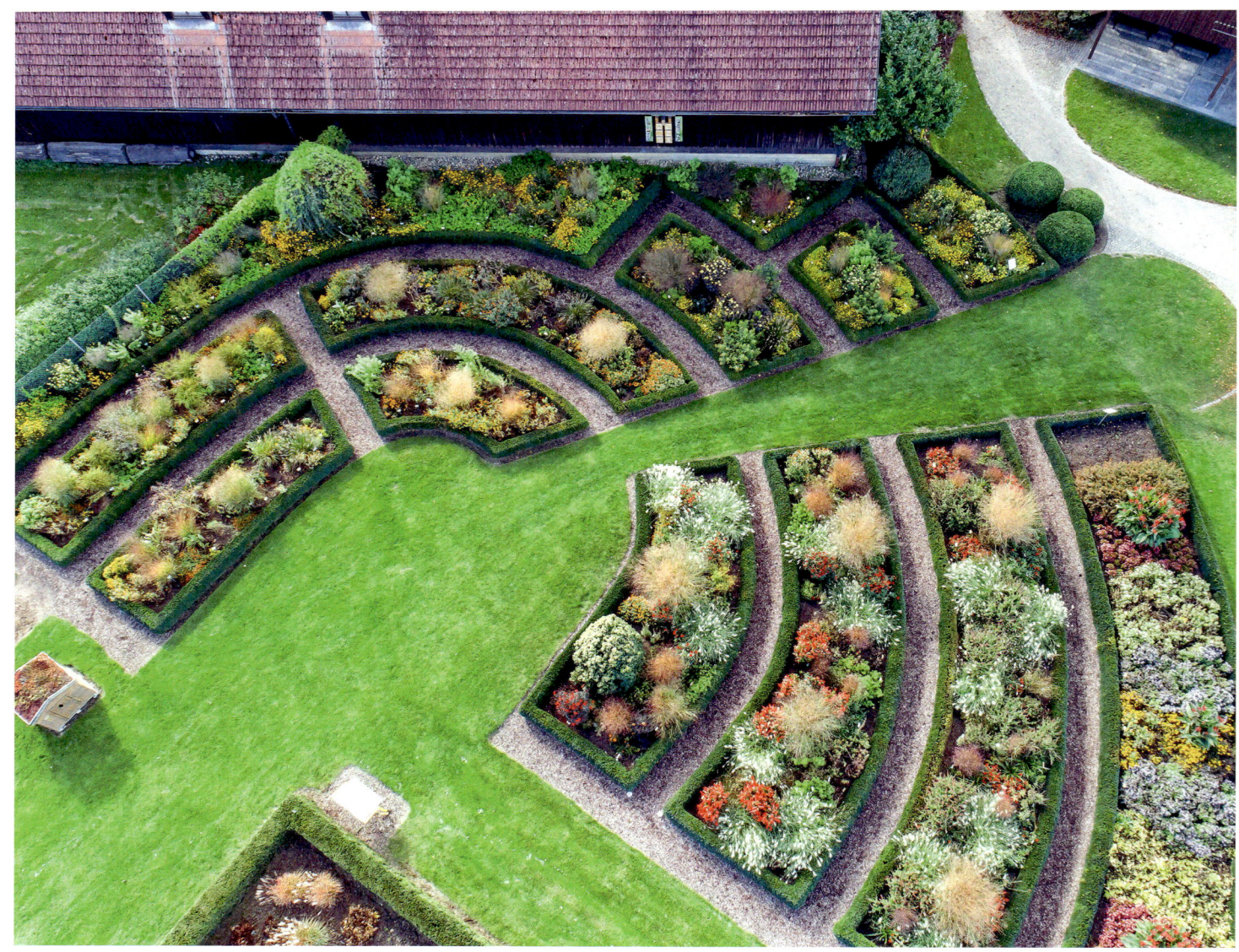

Am Hofgut Tachenhausen wachsen in einem halbrund angelegten Bauerngarten einjährige Sommerblumen. Im Herbst leuchten die warmen Farben der jährlich wechselnden Gestaltung. Der Bauerngarten liegt direkt am Eingang zum Lehr- und Versuchsgarten und lockt zahlreiche Besucher.

Der Lehr- und Versuchsgarten Tachenhausen in Oberboihingen ist streng geometrisch angelegt. Studierende der Landschaftsarchitektur wie auch Besucher können hier die Sortimente von Bäumen, Sträuchern, Rosen, Stauden und Sommerblumen kennenlernen. Die Anordnung der Pflanzen orientiert sich an deren Standortansprüchen, die Stauden sind nach den bekannten Lebensbereichen angeordnet. Nadel- und Laubbäume bilden gemeinsam einen farbenfrohen Rahmen im Herbst. Viele sogenannte Zukunftsbäume, die dem Klimawandel trotzen sollen, kann man dort studieren.

WINTERLICHE GARTENASPEKTE

Und auf einmal liegt sogar auf dem Camen-Hof (Seite 71) in Soest Schnee! Von den mehrfach verschachtelten Eiben- und Buchshecken im Westfälischen Bauerngarten hin zum Weißen Garten mit den rautenförmigen Hecken führt der Überblick. Der Teich ruht unter einer Eisdecke. Blauer und Gelber Garten mit rechtwinkliger respektive runder Formenvielfalt zeugen vom kreativen Umgang der Planer mit den Grundrissen ihrer Gartenräume. Aber wie viele Stunden sind wohl nötig, um all die Hecken und Kugeln in perfekter Form zu halten?

HERMANNS-HOF IN WEINHEIM

Der Blick von oben auf den Schau- und Sichtungsgarten Hermannshof fördert die Vielfalt der Gehölze und Beete zutage. Das Hauptgebäude, die Villa (links im Bild), ist das Konferenzhaus der Unternehmensgruppe Freudenberg. Daneben liegt das kleinere historische Gärtnerhaus.

Die Blüten der nordamerikanischen Hartriegel (*Cornus* 'Ascona' und *C. nuttallii* 'North Star') leuchten wie Sterne am Himmel aus dem grünlichen Untergrund. Zart lassen sich himmelblaue Blüten der Prärielilien (*Camassia leichtlinii* subsp. *suksdorfii* 'Caerulea') erkennen.

PERFEKTE PFLANZENVERWENDUNG

Unter Stauden- und Gartenfreunden ist der Hermannshof im klimatisch begünstigten Weinheim an der Bergstraße alles andere als ein Geheimtipp. Professor Cassian Schmidt leitet diesen Garten seit 1998 und hat viel dazu beigetragen, dass in Deutschland Prärie- und Steppenpflanzungen in Mode gekommen sind.

Bekannt ist der 2,3 ha große öffentliche Park insbesondere für seine fantastische Tulpenblüte und den berühmten Blauregen- oder Glyzinien-Laubengang von 1924. Zusammen mit Fliedern, Zieräpfeln und Blüten-Hartriegeln bietet sich dem Besucher im Frühjahr ein überschäumendes Blütenmeer. Ausgesprochen sehenswert sind aber auch die Strauch-Pfingstrosen, die Beetstauden, die verschiedenen Gehölz- und Gehölzrandbepflanzungen, der Lebensbereich Wasserrand und die feuchten Freiflächen um den Teich herum oder auch die Hochstauden in Kombination mit Gräsern à la „Dutch Wave-Border".
Etliche der Pflanzkonzepte gehen noch auf den ersten Pflanzplaner der Anlagen Professor Urs Walser zurück, der den Garten bis 1998 leitete. Er führte bereits eine Anordnung nach Lebensbereichen ein, sodass ein Sichtungsgarten mit einem neuen Ansatz –

der gestalterischen und gleichzeitig standortgerechten Verwendung von Stauden – entstand. Diese Herangehensweise ergab sich aus dem Gutachten für die Entwicklung des Geländes vom Ende der 1970er-Jahre, an dem mehrere bekannte Persönlichkeiten aus der Landschaftsarchitektur wie Gerda Gollwitzer, Professor Richard Hansen und Professor Walter Rossow beteiligt waren. 1981 begann schließlich die Umgestaltung des historischen Privatparks in einen öffentlich zugänglichen Schau- und Sichtungsgarten durch den renommierten Landschaftsarchitekten Professor Hans Luz. Finanziert wurde sie aus Mitteln des Unternehmens Freudenberg und der Stadt Weinheim, die den Garten bis heute durch jährliche Spendengelder unterhalten. Der Park befand sich seit 1888 im Besitz der Unternehmerfamilie Freudenberg. Über mehrere Generationen war die Familie mit Gartenliebhabern gesegnet, sodass noch heute über 130 Jahre alte Gehölze wie ein Berg-Mammutbaum (*Sequoiadendron giganteum*) und eine Yulan-Magnolie (*Magnolia denudata*) in der Anlage zu finden sind. Zwei Platanen (*Platanus orientalis* und *Platanus* x *hispanica*) sind sogar noch älter, sie stammen aus dem Jahre 1770.

GANZ SCHÖN ABGEHOBEN

Während der Garten an einem bedeckten, leicht regnerischen Tag vom Boden aus gesehen eher trüb und unwirtlich erscheint, kommen die herbstfärbenden Bäume und Sträucher sowie das Mosaik aus Gräsern und Stauden im Herbstgewand von oben betrachtet voll zur Geltung. Cassian Schmidt war etwas skeptisch, als ich an einem solchen Tag mit der Drohne bei ihm im Hermannshof auftauchte. Aber die Wirkung der Bilder hat ihn dann schnell überzeugt …

Der Überblick zeigt, wie sich die Areale der gezeigten Lebensbereiche um die ruhige grüne Rasenfläche scharen und die Gebäude einbinden. Besondere Leuchtkraft haben die gelb, orange und rot gefärbten Ginkgos, Amberbäume und Hartriegel.

Im Frühling bezaubert der Anblick des prachtvollen Glyzinien-Laubengangs mit der markanten türkisfarbenen Holzbank. Ein weiteres, ebenfalls oft fotografiertes mehrstämmiges Gehölz ist der Judasbaum inmitten des Tulpenreiches. In der Vogelperspektive erscheinen die Tulpen eher unauffällig – ein Phänomen, das auch im Wechselflorbeet am Gärtnerhaus (Seite 9) zu erkennen ist. Insgesamt leben diese Motive stark vom farblichen Gesamteindruck.

Als vorteilhaft erweist sich der Perspektivwechsel in Bezug auf die Blüten-Hartriegel im Frühling. Die offen ausgebreiteten weißen Schalenblüten bieten von oben den vollen Einblick.

4

1 Eine farbenfrohe Szenerie bietet der Gehölzrand mit dem Amberbaum (*Liquidambar styraciflua*), changierend von Gelb bis Orange, der rot gefärbten Scharlach-Eiche (*Quercus coccinea*) und dem leuchtend gelben Pawpaw (*Asimina triloba*), der auch Dreilappiger Papau oder Indianerbanane genannt wird. Die Amerikanischen Blüten-Hartriegel in diesem Bereich sind nur noch wenig belaubt und lassen die Blätter leicht hängen.

2 Der Blick im Herbst auf den Lebensbereich Beet – mit nordamerikanischen Beetstauden sowie den Hochstauden und Gräsern der „Dutch Wave-Border" – offenbart ein vielfältiges Muster aus grünen, braunen und gelben Tönen. Der Judasbaum (*Cercis siliquastrum*) in der Bildmitte hat bereits alle Blätter abgeworfen und hinterlässt ein filigranes Gerüst aus kahlen Zweigen.

3 Im *Hemerocallis-Euphorbia*-Beet dominieren im November erdige Farben und feine Strukturen. Wie in einem Pflanzplan stehen die Sumpf-Wolfsmilch (*Euphorbia palustris*) mit ihren roten Stängeln, die Middendorfs Taglilie (*Hemerocallis middendorfii*) und üppige Gräserhorste des Hohen Pfeifengrases (*Molinia arundinacea* 'Windspiel') nebeneinander.

4 Ein hochgewachsener Ginkgo (*Ginkgo biloba*) wacht mit leuchtend gelber Baumkrone über den Beeten der Mediterranen Felsheide. Chinaschilf (*Miscanthus sinensis* in Sorten) schließt sich im oben daran angrenzenden Beet an. Hier und da blitzt der kunstvoll aus Polygonalplatten verlegte Weg hervor, der durch den Glyzinien-Laubengang führt.

2

1 Sie finden mehrere Judasbäume (*Cercis*) über den Schau- und Sichtungsgarten verteilt, aber der Großstrauch im Zentrum der Nordamerikanischen Beetstauden ist am beeindruckendsten. In üppigem Magenta ist er der Blickfang im Tulpenbeet. Hebt man etwas ab, konzentriert sich seine Wirkung noch stärker auf die Farbe, der malerische Wuchs tritt vollständig in den Hintergrund.

2 Der Chinesische Tee-Apfel (*Malus hupehensis*) im Hermannshof stammt aus dem Jahr 1924. Dieser Wildapfel begeistert nicht nur mit oranger Blattfärbung und roten Früchten im Herbst, sondern auch im Frühling, wenn er über und über mit weißen Blüten übersät ist. Er scheint einen kleinen Bruder zu behüten, den violettblauen Chinesischen Flieder (*Syringa* x *chinensis*).

Ende April fallen die Blütenrispen der beiden Blauregenarten *Wisteria floribunda*
'Multijuga' und *W. sinensis* buchstäblich
wie ein blauer Regen herab und bedecken
den Weg sowie die Bänke im 1924 ge-
pflanzten Glyzinien-Laubengang.

Ein letzter stimmungsvoller Blick über das Arboretum der Insel Mainau zum Schwedenturm und der Frühlingsallee bis hinunter zum mystisch blauen Wasser des Bodensees.

INFORMATIONEN ZU DEN GÄRTEN

GÄRTEN AM CAMEN-HOF, Soest
• www.gaerten-in-westfalen.de/de/garten-und-parks-in-westfalen-lippe/zu-den-garten-und-parks-in-westfalen-lippe/soest-garten-am-camenhof/
• muenstermann-camenhof@gmx.de
• Tel. 02921/81588

GARTEN EPPINGER, Esslingen
• www.eppinger-garten.de
• meppinger@t-online.de
• Tel. 0711/326107

GARTEN FUNKE, Ohmden
• www.staudenblog.de
• funke@staudenblog.de

SICHTUNGSGARTEN HERMANNSHOF, Weinheim
• www.sichtungsgarten-hermannshof.de
• sichtungsgarten-hermannshof@t-online.de
• Tel. 06201/13652

GARTEN HERRENMÜHLE, Bleichheim
• www.herrenmuehle-bleichheim.de
• haas.dergarten@t-online.de
• Tel. 07643/40137

HORTVS, Hilden
• www.peter-janke-gartenkonzepte.de
• mail@peter-janke-gartenkonzepte.de
• Tel. 02103/360508

INSEL MAINAU
• www.mainau.de
• info@mainau.de
• Tel. 0531/3030

NORDDEUTSCHE GARTENSCHAU – ARBORETUM ELLERHOOP, Ellerhoop-Thiensen
• www.norddeutsche-gartenschau.de
• info@norddeutsche-gartenschau.de
• Tel. 04120/218

GARTEN NOTZ, Dettingen
• www.sabinesgarten.de
• sabinenotz@gmx.de
• Tel. 07123/71971

ROSENNEUHEITENGARTEN AUF DEM BEUTIG, Baden-Baden
• www.baden-baden.com/media/attraktionen/rosenneuheitengarten
• Tel. 07221/931201

GARTEN SCHIRMER, Bellheim
• www.schirmers-green-room.de
• kontakt@schirmer-petite.de
• Tel. 07272/775755

BAUMSCHULE SCHLEGEL, Riedlingen
• www.karl-schlegel.de
• info@karl-schlegel.de
• Tel. 07371/93180

GARTEN STAFFLER, Stuttgart
• www.gartenfoto.eu
• martin.staffler@gartenfoto.eu
• Tel. 0176/29067470

LEHR- UND VERSUCHSGÄRTEN DER HOCHSCHULE FÜR WIRTSCHAFT UND UMWELT, Nürtingen-Geislingen
• Standort: Tachenhausen (Oberboihingen) und Braike (Nürtingen)
• www.hfwu.de/lvg
• lvg@hfwu.de
• Tel. 07022/201188

GARTEN BECK, Stuttgart
• Gartenbesichtigungen nicht möglich.

DER AUTOR

Nach seiner Gärtnerausbildung in Hamburg und dem Studium der Landschafts-architektur in Osnabrück entschied sich Martin Staffler für den Journalismus. Zunächst Volontär und Bildredakteur der Zeitschrift „mein schöner Garten" (Burda Senator Verlag), ist er seit 2008 selbstständiger Gartenfotograf und Autor mehrerer Gartenbücher. Seit 2015 arbeitet er zudem als Redakteur der Zeitschrift „Garten-praxis" (Verlag Eugen Ulmer).
Mit den Luftaufnahmen von Gärten schlägt er ein neues Kapitel in seiner fotogra-fischen Entwicklung auf.

DANK

Ich danke allen Gartenbesitzern und verantwortlichen Parkmitarbeitern und -leitern herzlich für die Flug- und Fotoerlaubnis.

BILDNACHWEIS

Alle Fotos dieses Buches stammen von Martin Staffler.
Fotografiert wurden die Luftaufnahmen mit der DJI Phantom 4 pro+.

IMPRESSUM

Anmerkung zur Schreibweise (Gendering) der weiblichen, männlichen und unbestimmten Form: Ausschließlich aufgrund der deutlich besseren Lesbarkeit wird in diesem Werk auf die jeweilige Mehrfachnennung oder Anpassung der Schreibweise bestimmter Bezeichnungen verzichtet.

Bibliografische Information der Deutschen Nationalbibliothek
Die Deutsche Nationalbibliothek verzeichnet diese Publikation in der Deutschen Nationalbibliografie; detaillierte bibliografische Daten sind im Internet über http://dnb.d-nb.de abrufbar.

© 2021 Eugen Ulmer KG
Wollgrasweg 41, 70599 Stuttgart (Hohenheim)
E-Mail: info@ulmer.de
Internet: www.ulmer.de
Projektleitung: Doris Kowalzik
Lektorat: Karolin Gerhardi
Herstellung: Isabell Scherrieble
Umschlaggestaltung: Anette Vogt, red.sign, Stuttgart
Gestaltung und Satz: Susanne Junker, red.sign, Stuttgart
Reproduktion: time:ray, Jettingen
Druck und Bindung: Firmengruppe APPL/aprinta druck, Wemding
Printed in Germany

ISBN 978-3-8186-1302-0

HIER KÖNNEN SIE WEITERLESEN

Wilde Wiesen gestalten.
Naturalistische Staudenbeete
für den Garten.
Katrin Lugerbauer, Joachim Hegmann.
2021. 160 Seiten, 151 Farbfotos.
Flexcover. ISBN 978-3-8186-1229-0.

Sonnendurchflutet und von Insekten umschwirrt – blütenreiche Wiesenlandschaften sind Sehnsuchts-orte, die man gerne im eigenen Garten hätte. Aber kann man die „ungezähmte Wildheit" einer Wiese in den Garten übertragen? Staudenwiesen sind keine streng geordneten Beete, sondern von der Natur inspirierte, im Garten gepflanzte Stauden, die ganzjährig attraktive Flächen bilden. Ihr besonderer Reiz ist das Zusammenspiel aus langlebigen, an den Standort angepassten Stauden und stimmigen Begleit-pflanzen, die für Dynamik sorgen. In diesem Buch finden Sie das nötige Know-how für verschiedene Gartenstandorte sowie gelungene Vorzeigeprojekte für den Weg zur eigenen Staudenwiese.